Découvrez l'histoire par les archives de presse

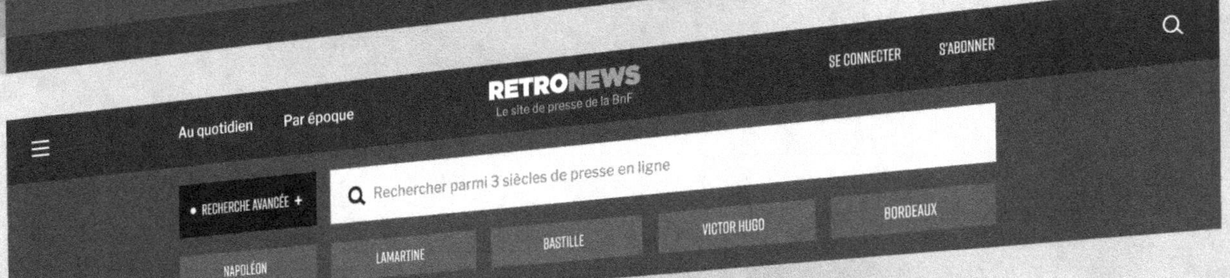

RETRONEWS

Le site de presse de la BnF

www.retronews.fr

me Série N° 3.   15 DÉCEMBRE 1923   Prix : 1 FRANC 50

Cinéa-ciné POUR TOUS

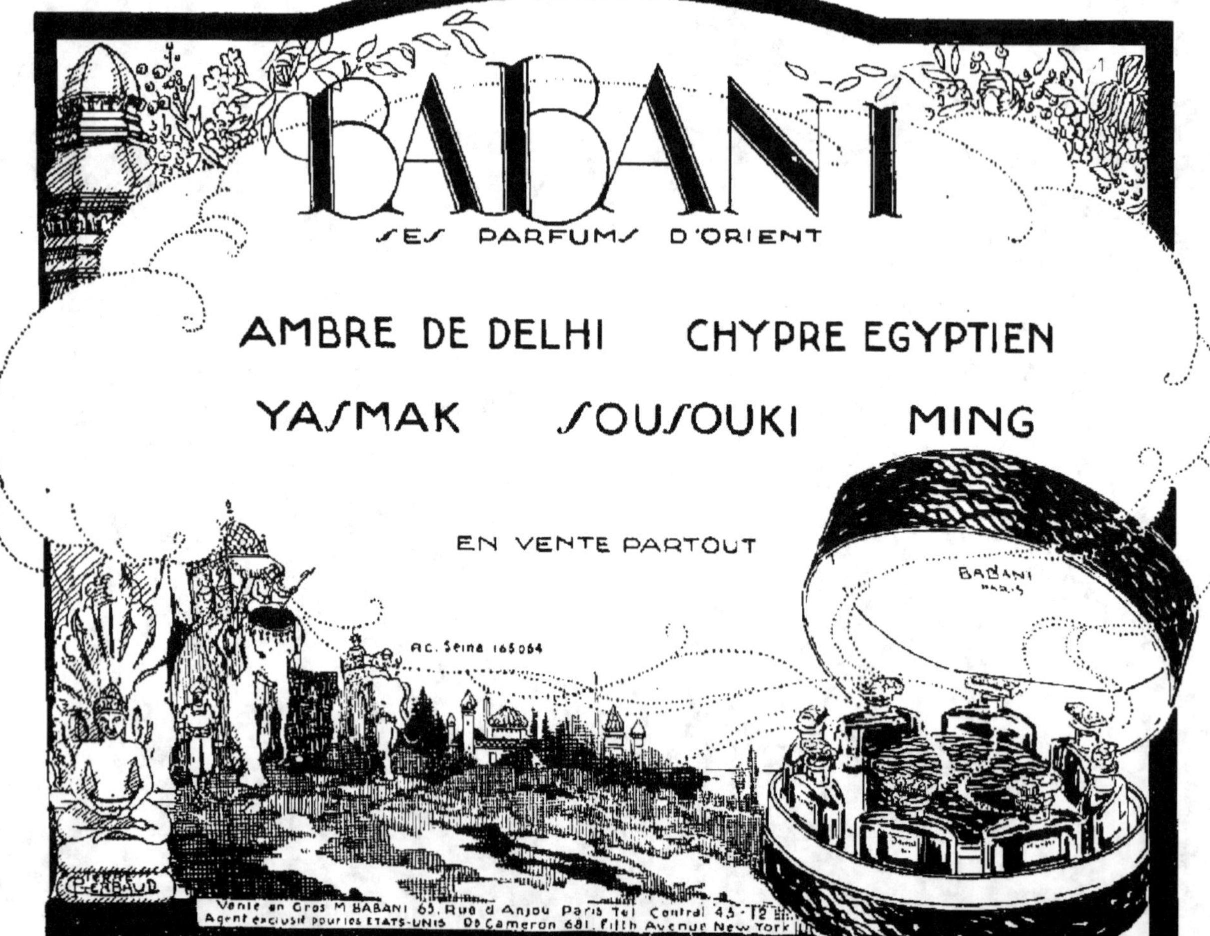

BABANI
SES PARFUMS D'ORIENT
AMBRE DE DELHI   CHYPRE EGYPTIEN
YASMAK   SOUSOUKI   MING
EN VENTE PARTOUT
BABANI PARIS
R.C. Seine 165064
Vente en Gros M BABANI 65, Rue d'Anjou Paris Tel Central 45-12
Agent exclusif pour les ETATS-UNIS Ob Cameron 681, Fifth Avenue New York

Les Nouveaux Films

21 Décembre :

P'TIT PÈRE
(Daddy)
Composé et réalisé par E. Mason-Hopper
Production First National 1923 — Edition Gaumont

Jackie Savelli	Jackie Coogan
Paul Savelli	Arthur Carewe
Hélène Savelli	Josie Sedgwick
Césare Gallo	Cesare Gravina
Eben Holden	Bert Woodruff
Mme Holden	Ann Townsend
L'Imprésario	William Lewis

LE PETIT CHOSE
Adapté du roman d'Alphonse Daudet
et réalisé par André Hugon
Film A. Hugon 1923 — Edition Pathé C.-C,

Daniel Eyssette	Max de Rieux
L'Abbé Germane	André Calmette
Jacques Eyssette	Debucourt
La Comédienne	Claude Mérelle
Camille Pierrotte	Alexiane
Pierrotte	Gilbert Dalleu

●

Nina Star dans une production de W. Staréwitch, Le Chant du Rossignol.
Clara Kimball Young dans Les Caprices du Cœur.
Mary Miles Minter dans Ginette.
Margaret Schlegel dans Les Ailes de la Mort.
Elena Sangros dans Passion.

●

28 Décembre :

LA LÉGENDE DE SŒUR BÉATRIX
Tiré du conte de Charles Nodier
et réalisé par Jacques de Baroncelli
Production Baroncelli 1923 — Edition Aubert

Béatrix	Sandra Milowanoff
Jehan de Gormond	Eric Barclay
Nilidor	Suzanne Bianchetti

UN PÈRE
(The Good Provider)
Tiré de la nouvelle de Fannie Hurst par John Lynch
et réalisé par Frank Borzage
Prod. Paramount-Cosmopolitan 1922 — Edition Paramount

Bechy Binswanger	Vera Gordon
Julius Binswanger	Dore Davidson
Pearl Binswanger, enfant	Miriam Battista
id. jeune fille	Vivienne Osborne
Izzy Binswanger	W. Buster Collier
Max Teitlebaum	John Roche
M. Boggs	James Devine
Mme Boggs	Blanche Craig
Mme Teitlebaum	Ora Jones

●

Régine Dumien Gabriel de Gravone et Emilia Virgo-Nauty dans Petit Ange et son Pantin.
Sessue Hayakawa et Bessie Love dans La Colère des Dieux.
Dolly Davis dans Les Etrennes à travers les âges.

Carmel Myers dans Sœurette.
Buster Keaton dans Frigo à L'Electric-Hôtel.
Wesley Barry dans Pauvre Riche.
Wanda Hawley dans Fragile Foyer.
Gloria Swanson dans Inconscience.

Ciné-feuilleton :

GOSSETTE
Ciné-feuilleton en 6 épisodes
Roman de Charles Vayre ; film de Germaine Dulac
Prod. Société des Cinéromans 1923 — Edition Pathé C.-C.

Gossette	Régine Bouet
M. de Savières	Schutz
Mme de Savières	Jeanne Brindeau
Philippe de Savières	Charlia
Robert de Tayrac	David Evremond
Me Varades	Jean d'Yd
Mme Bonnefoy	Madeleine Guitty
Le Chauffeur	Menant
Andriano	Nasthasio

En Exclusivité :

KŒNIGSMARK
Adapté du roman de Pierre Benoît
par René Champigny et réalisé par Léonce Perret
Production Radia 1923 — Edition Pathé C.-C.

Grande-Duchesse Aurore	Huguette Duflos
Raoul Vignerte	Jaque Catelain
Comtesse Mélusine	Marcya Capri
Lieutenant de Hagen	Petrovitch
Duc Frédéric	Georges Vaultier
Grand-Duc Rodolphe	Henri Houry
Baron de Boose	A. Liabel
Prince Tumène	E. de Roméro
Cyrus Beck	P. Vermoyal
De Marçais	Jean Ayme
Philippe de Kœnigsmark	Maurice Lehmann
Prince Joachim	Jean Fleury

Depuis le 16 novembre, à la SALLE MARIVAUX

LA CARAVANE VERS L'OUEST
(The Covered Wagon)
Adapté du roman d'Emerson Hough
par Jack Cunningham et réalisé par James Cruze
Production Paramount 1923 — Edition Paramount

Will Banion	Jack Warren-Kerrigan
Molly Wingate	Loïs Wilson
Sam Woodhull	Alan Hale
Mr Wingate	Charles Ogle
Mrs Wingate	Ethel Wales
Jackson	Ernest Torrence
Bridger	Tully Marshall
Kit Dunstan	Guy Oliver
Jed Wingate	John Fox

LA BATAILLE
Adapté du roman de Claude Farrère
par Miss Margaret Turnbull
et réalisé par E. Violet et Sessue Hayakawa
Production Aubert 1923 — Edition Aubert

Yorisaka	Sessue Hayakawa
Mitsouko	Tsuru Aoki
Herbert Fergru	Félix Ford
Mrs Hockley	Gina Palerme
Falze	Jean Dax
Miss Vane	Cady Winter

Dans notre prochain numéro : MAË MURRAY INTIME. Retenez=le chez votre marchand habituel

ABEL GANCE

Sa Vie

Son Œuvre

De taille moyenne, très mince, la figure rasée, la chevelure abondante, les yeux brillants, vifs et doux et la face comme nimbée d'un voile de douceur, de clarté et de sérénité, tel il nous apparaît.

Lorsqu'il sourit ses paupières se plissent et on lui donnerait vingt ans, mais il en paraît cinquante lorsqu'il parle d'une voix douce et persuasive, parfois voilée, qui vous enveloppe, vous pénètre et vous convainc. Il en a trente-quatre et est resté, au physique comme au moral, l'étudiant pensif et travailleur qu'il était du temps où il fréquentait Montjoye. Gance passe dans la vie comme un homme absent, en quête toujours de l'idée nouvelle. Mais ce « calme » sitôt qu'on lui parle art, philosophie ou cinéma, se transforme. Et l'on a devant soi l'artiste passionné qui vibre de tout son être et que l'on sent transporté par son sujet.

Abel Gance est né à Paris, le 25 octobre 1889, d'un père parisien et d'une mère bourbonnaise. Il fit ses études au Collège Chaptal. La littérature dramatique agit précocement sur sa sensibilité et décida de sa vocation. Admissible à la limite d'âge au Conservatoire, où il ne put être reçu à cause de sa voix un peu voilée, il partit l'année suivante pour Bruxelles, après avoir attiré sur sa tête toutes les malédictions familiales. Il y fit du théâtre, car il estimait, qu'avant d'écrire de belles paroles, il est sage d'applaudir et de savoir bien exprimer celles des autres.

A cette époque, la découverte de Nietzche le bouleverse plus que celle de Platon, Héraclite Pythagore, La-O-Tsé, Roger Bacon, Spinoza, Montaigne et Schopenhauer.

Il écrit alors un livre de poèmes *Un doigt sur le clavier*, mais trop influencé par Rimbaud, Keats et Baudelaire, il n'en sent pas le style définitif. Sa personnalité n'étant pas assez avérée à son gré, il arrête la publication de ses poèmes et revient désespéré à Paris, où, il compose un livre d'essais métaphysiques. Mais il ne livre pas non plus cette série d'études au public, car sa sensibilité à cette époque est tellement exarcerbée et maladive, que, dit-il, il craint de mourir réellement au cas d'incompréhension de son œuvre.

Il se recueille alors et écrit son œuvre la plus considérable, *La Victoire de Samothrace*, tragédie en cinq actes, d'une forme androgyne — vers et prose — répondant pour le style à la conception shakespearienne et dont rien ne peut donner l'idée, tant la fusion des éléments les plus disparates, les plus colorés, les plus classiques et les plus romantiques à la fois donne, en définitive, un métal d'une sonorité si profonde et si neuve. Il passe une année de travail inouï sur cette grande fresque tragique qu'il envoie craintivement à Sarah Bernhardt. Celle-ci lit la pièce s'enthousiasme et télégraphie à l'auteur qu'elle le verra avec joie, aussitôt son retour à Paris, le mois suivant... On est en juillet 1914... Abel Gance va peut-être toucher d'un coup la fortune littéraire !... la guerre éclate ! et ses espoirs sont anéantis.

Mobilisé pendant une année, il est ensuite réformé et peut reprendre son activité intellectuelle. Mais il y a du nouveau dans le monde artistique... Gance est frappé par la puissance de l'invention du cinématographe, il s'en approche intrigué et de nouveau, comme il l'a fait au théâtre, il recommence tout.

Il interprète : il joue Molière jeune, dans *Molière* et quelques jeunes premiers dans deux ou trois films, il paraît même dans une comédie de Max Linder.

Il vend 35 francs son premier scénario à Gaumont : *Paganini* et 45 francs son deuxième *Le Crime de Grand-Père*, qui est interprété par Séverin-Mars et sa jeune femme. Il propose à la Société des Auteurs et Gens de Lettres plusieurs films qu'on juge impossibles à réaliser : *La Conspiration des Drapeaux, La Légende de l'Arc-en-Ciel, La Pierre philosophale*, etc., etc... il en vend d'autres : *Cyrano et d'Assoucy, Un Clair de Lune sous Richelieu* et *Le Tragique Amour de Monna Lisa* (réalisé par Capellani).

Mais la meute hurle après le nouveau venu et sur lui, les portes de fer se referment. Il essaie timidement d'entrer chez Pathé... il ne peut accéder au salon du Grand Maître, qui seul pourrait pressentir dans ses yeux la force du jeune auteur. Il passe un jour tristement devant « le Film d'Art ». Un homme lit dans la cour. Il lui parle sans rudesse. Enhardi Gance sort de sa poche un manuscrit et le lui donne. Quelques jours plus tard Louis Nalpas, car c'était lui, devinant le génie d'Abel Gance, l'informait qu'il achetait son premier scénario pour 300 francs. La fortune commençait. Pouctal met en scène *L'Infirmière* ; c'est le titre de ce film dont Gance surveille avec attention la prise de vues. Le film terminé a un gros succès. Louis Nalpas demande à Gance s'il ne pourrait pas tourner un film lui-même... Gance exulte. Mais dit Nalpas vous disposerez pour ce film de 5.000 francs et vous aurez huit jours pour le tourner... Et c'est accepté. Huit jours après Gance sort son premier film *Les morts reviennent ils ?* dont on change le titre en *Un Drame au Château d'Acre*. L'essai est concluant le film est bien. Il y a déjà des premiers plans, ô anachronisme ! qui font hurler les exploitants et que l'on doit couper.

Anticipant magistralement, il fait ensuite *La Folie du Docteur Tube*, sorte de fou caligaresque, qui, ayant réussi à décomposer les rayons lumineux, vit dans un étrange monde de déformations. Le jeune réalisateur emploie à cet effet des glaces déformantes et des flous, et l'originalité du film est si grande que personne n'ose le sortir. Et ce film s'enterre dans des armoires.

Découragé et s'apercevant qu'il fait fausse route quant aux exploitants, il ne va plus faire, pendant une année, que du cinéma bon marché, mélodramatique, où peu à peu cependant un style cinégraphique indéniable s'affirme :

Le Masque d'Horreur, avec de Max, *L'Enigme de dix heures, La Source de Beauté, Le Fou de la Falaise, Le Périscope, Ce que les Flots racontent, L'Héroïsme de Paddy, Strass et Cie, La Fleur des Ruines, Les Gaz mortels, Barberousse*.

Puis ce fut sa tentative dans le domaine psychologique *Le Droit à la Vie* — son meilleur scénario en tant que potentiel dramatique — qu'il exécute en 9 jours pour 13.000 francs; avec Mathot, Vermoyal et Paulais (opérateur L. H. Burel) ; *La Zone de la Mort*, avec Andrée Brabant, Mathot, Lyonel, Vermoyal et Clément, (Opérateur Burel). Très beau film de trois mille mètres, réduit par des mains profanes, à mille cinq cent mètres et abîmé de telle manière, que l'auteur avoue ne plus rien comprendre lui-même, à l'histoire ainsi mutilée).

Le Cinéma n'intéressa donc vraiment Gance que le jour où il fut autorisé par ses employeurs à travailler en toute liberté. Fort jeune, il avait la prétention d'une conception à lui du cinématographe, mais que pouvait-il faire avec un programme imposé ? Que pouvait-il répondre à un patron, qui lui disait : « Tournez-moi une histoire d'aventures en mille mètres, commencez après-demain, ayez terminé dans huit jours et ne dépensez pas plus de six mille francs ! Surtout pas de thèse, pas de psychologie, un bon drame avec une histoire terrible qui finit bien. Comme un manœuvre construit un mur sous l'œil du contremaître, il bâtissait ses films pour les livrer à la date imposée.

Cependant, un jour, le sagace Louis Nalpas lui laissa carte blanche. Il l'autorisa à tourner un film en toute liberté. C'est alors que, sur un scénario écrit en trois jours, il fit *Mater Dolorosa*, avec Firmin Gémier, Emmy Lynn, Modot et Tallier (opérateur Burel). Il exécuta ce film pour 48.000 francs (il en a rapporté 181.000).

Maintenant Gance voit clair, il a façonné ses outils, il a inventé ses couleurs; sa personnalité va peindre avec ses pinceaux de lumière et éclate : *La Dixième Symphonie*, avec Séverin-Mars, Emmy Lynn, Jean Toulout, André Lefaur et Nizan (Assistant Delafontaine; opérateur Burel). Ce film fut exécuté pour 63.000 francs et en a rapporté, à ce jour, 343.000. (Ce film obtint le premier prix, par 116 voix sur 120, à l'expo-

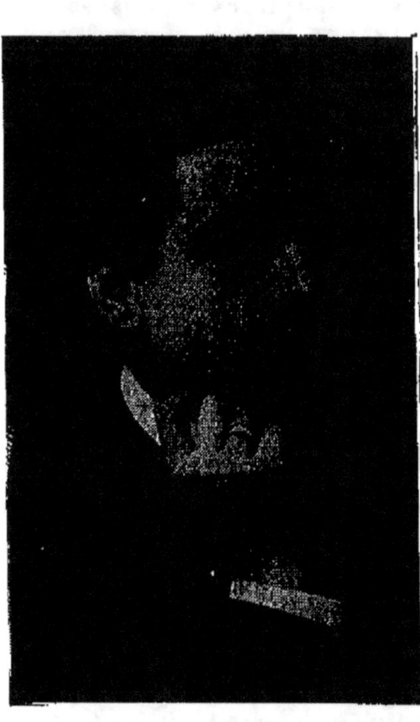

ABEL GANCE à vingt ans

...ion internationale de cinématographie d'Ams-
...rdam en 1921).

A cette époque, il est déjà hanté par l'idée du
...andiose *J'Accuse* qui se présente obstinément
...son imagination. Son carnet de notes person-
...lles porte déjà ces annotations : *Thème à
...velopper :*

*Misères que la guerre nous a apportées et
...ne la victoire doit faire disparaître.*

*Transfiguration d'une brute par la douleur
... la guerre, en un homme bon et indulgent.*

*Exaltation de la spiritualité d'un écrivain
...ui ne croyaitplus en rien.*

Comment naissent les Marseillaises!

*L'Amour réel, presque physique, qu'on peut
...voir pour son pays, lorsqu'on voit dans son
...nsemble sa valeur et sa souffrance silen-
...ieuse.*

*L'Accusation contre les crimes, contre le re-
...ard apporté à la science, au bien des hommes.*

Gance, après avoir fait bien des démarches
...t vaincu bien des difficultés tourne donc *J'Ac-
...use*, Tragédie des Temps Modernes, avec Séve-
...in-Mars, R. Joubé, M. Dauvray, M. Desjardins,
M. Mancini, A. Guys et B. Cendrars. (Assis-
...ant : Blaise Cendrars. Opérateurs : Burel, Bu-
...ard, Forster et Anthonin Nalpas).

Enfin, c'est *La Roue*, le chef-d'œuvre de la
carrière déjà si bien remplie d'Abel Gance et
en même temps l'œuvre la plus définitive du
cinéma.

La première partie de *La Roue* fut tournée à
Nice, le décor étant monté entre les voies de
chemin de fer, aux abords de la gare St-Roch.

Cette réalisation fut des plus longues, des plus
pénibles et des plus périlleuses, car les trains
passaient à moins d'un mètre du décor et toutes
les cinq minutes. Il fallut également tourner
des scènes en marche, de jour et de nuit et la
plupart, sur une plate-forme dépassant de deux
mètres, sur le côté de la machine. Des groupes
électrogènes étaient arrimés dans un fourgon.
Cette première partie n'exigea pas moins de six
mois de travail, de décembre 1919 à juin 1920.
Puis les scènes de chemins de fer se continuè-
rent à Chamonix, pour utiliser le chemin de fer
à crémaillère du Mont-Blanc.

Le dernier décor fut construit au col de Voza.
Les découvertes de celui-ci donnaient sur le
Mont-Blanc, la vallée de Chamonix et le cirque
de Bionnassay. L'extérieur de ce décor était une
cabane de montagne, une de ces cabanes tra-
ques, au toit couvert d'épais blocs d'ardoises,
dont le pittoresque avait séduit Gance. Mais
une gare de funiculaire et des poteaux électri-
ques gâtaient le charme de ce point de vue.
Gance fit démolir la gare, qu'on reconstruisit
ailleurs, et déplacer les poteaux télégraphiques.
On établit une station électrique pouvant four-
nir l'ampérage nécessaire, avec ateliers, maga-
sins, et un laboratoire de développement et de
tirage des pellicules.

Le séjour en Savoie se prolongea pendant tout
...té de 1919. Il fut contrarié par le mauvais
...mps. Un grand nombre de scènes furent tour-
...ées au glacier des Bossons et au glacier de
...ionnassay. Abel Gance rêvait de tourner sur

le sommet du Mont-Blanc. Il partit avec de Gravone, Ivy Close et ses opérateurs. Burel, Bujard,
Brun et Duverger, ainsi que plusieurs guides.
Ils se formèrent en cinq caravanes. Ce fut une
expédition mouvementée ; pendant trois jours
et trois nuits, il fallut attendre, aux Grands
Mulets, dans la neige et la tourmente, que le
temps redevint plus clément.

On s'aventura enfin, à trois heures du matin,
par un froid violent, dans une neige qui attei-
gnait 1 m. 50. A l'arrivée au « Petit Plateau »,
la première caravane fut encerclée par une
avalanche. Les guides refusèrent d'aller plus
loin, des accidents graves étant à redouter.

C'est seulement au mois de février 1921 que
La Roue a été achevée. Sa réalisation s'est étendue sur seize mois. Elle a coûté deux millions
et demi. La quantité de pellicule utilisée repré-
sente 150.000 mètres et certaines scènes furent
tournées plus de vingt fois. *La Roue* telle qu'elle
fut présentée, en décembre 1922, mesurait 10.500
mètres, représentant 4.000 plans. On peut, par
ces détails, se rendre compte du travail com-
plexe et délicat que fut le montage de cette
œuvre sans précédent.

Il fallut à l'auteur de *J'Accuse* un réel courage,
une énergie sans bornes, une foi inextinguible
pour ne pas se laisser décourager au milieu des
pires catastrophes matérielles (nombreux accidents de prise de vues : accidents de chemins
de fer, avalanches, accident dont Séverin-Mars
faillit être la victime, chûte d'Ivy Close, difficultés et complications financières) et des plus
cruelles souffrances intimes (mort de sa jeune
femme âgée de 27 ans, mort de son plus grand
artiste et meilleur ami, Séverin-Mars), pour
ne pas se laisser abattre.

La distribution de *La Roue* réunissait les
noms de Séverin-Mars, Ivy Close, G. de Gravone,
G. Térof, P. Magnier, Maxudian et Gil-Clary
(interprètes), Burel, Bujard, Duverger et Brun
(opérateurs), et Blaise Cendrars (assistant).

Le film est sorti en février dernier et tous
ceux qui s'intéressent aux manifestations de
l'Art silencieux, ont pu le voir dans son intégra-
lité. Une version réduite en 3.500 mètres doit
sortir cet hiver. JUAN ARROY.

Abel Gance nous parle de La Roue.

On m'a reproché deux choses avant tout : « la longueur et les citations inutiles. » Plus encore que le résultat d'une obligation commerciale, cette longueur était voulue et je me suis attaché à faire une œuvre plus en nuances qu'en action. Je pouvais évidemment la condenser, mais, si l'intensité dramatique y gagnait, l'intérêt psychologique et le style s'affaiblissaient. Malheureusement, je n'ai pas été suivi par le public qui ne m'a pas compris. Parce que le fond de l'œuvre était sensiblement égal tout le long du film ; parce qu'il ne rebondissait pas et ne faisait en quelque sorte aucune saillie particulière pouvant servir de point de repère à l'évaluation générale de ce fond, on a cru qu'il n'y en avait pas ou qu'il était faux.

Parce que ce fond était extériorisé avec une puissance psychologique restant toujours à un même niveau et un même degré, on a cru que cette puissance n'existait pas.

Cependant, parce que la valeur visuelle subissait de profondes variations, on a été émerveillé par certains « moments » de ce film qui en sont les paroxysmes d'art et de technique et d'après lesquels justement, on a pu se faire une idée de la valeur générale du film, à ce point de vue. Ces « moments » ont servi en quelque sorte « d'échelle pour en mesurer la valeur artistique et technique ».

J'ai voulu non pas faire une œuvre visuelle directement composée pour l'écran, mais une œuvre psychologique réalisée visuellement, au moyen d'images. Et comment voulez-vous, dans l'état actuel des choses, avec l'incompréhension générale du grand public, faire une œuvre dont le fond psychologique serait exprimé uniquement par l'image...

J'ai voulu dans ce film, avant de réaliser une œuvre exclusivement visuelle, m'attacher à démontrer le rapport « image-texte », c'est-à-dire à prouver le rayonnement de l'image autour de ces citations.

Comme un diamant retourné dans tous les sens brille pareillement sous toutes ses facettes, ces citations comprises et interprétées de différentes façons, irradiaient leur puissance par ces images qui rayonnaient autour d'elles.

•

Abel Gance nous parle du Cinéma.

— Comment envisagez-vous le cinéma « Art de sélection ? »

— Le Cinéma, en réalité, commence après le baisser de rideau d'une tragédie ; quand, vide de paroles, le fond exprimé commence à agir.— Il demande des types évolués, qui n'évoluent plus, ou presque... Qui agissent... Leur psychologie doit être d'autant plus forte qu'elle sera contrôlée par leurs actes... C'est la grande formule du drame de l'avenir... Le drame des silences va poindre maintenant que le drame des paroles a vécu...

Les images sont comme des mots pour les idées. — On leur prête une importance beaucoup trop grande. — On ne juge pas un mot sur son exécution d'imprimerie, mais sur ce qu'il exprime... On doit juger les images, non sur leur qualité matérielle, mais sur ce qu'elles expriment également. — La valeur du cinéma ne réside pas dans la photographie *sur* les images, mais dans le rythme, *entre* les images, et dans l'idée, *derrière* l'image...

Ce que l'on *voit* n'a qu'une importance secondaire, c'est ce que l'on *sent* qui prime...

— Et justement les gens ont *vu* tourner *les roues*, mais n'ont pas *senti* tourner *La Roue*.

— Absolument, et je dirais, la valeur du cinéma réside dans « l'élasticité d'âme » des images, dans la valeur « radioactive », si j'ose m'exprimer ainsi, qui forme le rayonnement de l'image et l'irradiation de sa poésie... Un film n'est pas un album de photos parsemées de sous-titres, ainsi que semblent le croire bon nombre de faiseurs de « ciné-romans »... Jean Epstein dit que le décor est l'accessoire du film... j'irai plus loin et dirai que c'est *l'image* qui en est l'accessoire, et que le décor ne l'est que de l'image...

La valeur picturale et plastique importe moins que la valeur psychique, valeur profonde, lien formidable, en dehors des sentiments qui régissent les personnages et dernières ressources de l'art, dernière valeur réalisable, avant le fond éblouissant.

— Et quelle est la voie vers laquelle vous tendez ?...

— Je n'en ai aucune... Il n'y a pas de route à suivre... les chemins sont tous intéressants... C'est nous-mêmes qui les faisons, qui défrichons le terrain... Cependant, je crois que commercialement et artistiquement, le cinéma doit être international par le *fond* et national par la *forme* ou le *style*...

— Mais le but que vous poursuivez, quel est-il ?

— La puissance avant tout... et tout ce qui peut la subjuguer. Je veux inculquer aux esprits l'admiration qui leur manque pour les choses que je veux extérioriser.

Pour me résumer je cherche à amener les gens à moi plutôt que d'aller à eux.

— Pour terminer cette interview, quels sont vos projets ?... On parle beaucoup de *Napoléon*.

— En effet, je tourne ce film, qui, réalisé sans aucune intention politique, demandera huit mois de travail et nécessitera 10 millions. Pour l'instant, je pars déjà avec sept, et commencerai vraisemblablement à tourner vers le 15 janvier prochain.

L'œuvre sera divisée en deux films : L'un, comprenant 6 parties de 2.000 mètres ; Arcole — 18 Brumaire — Austerlitz — Campagne de Russie — Waterloo — Sainte-Hélène, complètes en elles-mêmes et formant un tout par leur assemblage.

Et l'autre, qui sera le même, condensé en 4.000 mètres, pour passer en exclusivité dans une grande salle des boulevards.

Jean Mitry.

Une scène intensément dramatique de *L'Enigme de dix heures*, l'un des premiers films d'Abel Gance, tourné en 1915.

Abel Gance tourne.

Un décor est dressé; c'est une chambre dont les vitraux représentent la légende de Tristan et d'Yseult.

Je songe aux vitraux de *Mater Dolorosa*; je me souviens de ceux de *J'Accuse*; puis je vois encore la fenêtre du mécanicien Sisif et je conclus qu'Abel Gance aime la mélancolie austère et magnifique du vitrail, dont la transparence anime de feux chauds et précieux les objets et les choses qu'il éclaire.

Dans cette chambre de rêve, un lit enveloppé de tulle d'or.

Tout le monde parle bas, sauf de temps à autre une voix transmettant un ordre. Assis devant une table, Toulout se repose; à ses côtés une perruque rousse et un masque de terreur sont pour le moment sans emploi.

Là bas, étendue à terre sur des coussins, une longue jeune femme enveloppée d'un châle mauve semble dormir. Je m'approche et je distingue le joli visage et les blonds cheveux de Gina Palerme. Elle a les paupières baissées, les mains en auvent. — Sommeille-t-elle ?

« Eglise de Musique Lumineuse » ! — C'est bien cela. Silence religieux. Chacun subit cette ambiance, et j'avance, et je bute contre des portants, des tuyaux, et je me donne à moi-même l'impression d'être incorrecte, le bruit subit et lourd d'une planche qu'on heurte, détonnant furieusement ici, ce soir.

Mais voici que Gance sourit d'un air rêveur.

Il surgit, du groupe qui l'entoure, il s'anime, alors tout le monde s'anime. Sa voix assourdie et voilée se fait entendre. Il frôle les rideaux de tulle d'or qui frémissent sous la légère pression de sa main ; il éloigne un meuble, fait déplacer le sunlight. Sans l'apparence d'un ordre, les lumières s'allument, un phare puissant illumine la légende de Tristan et d'Yseult ; le plafonnier fait scintiller l'or des tulles du lit bas de la chambre de rêve.

C'est tout à coup une luminosité intense, un éblouissement de tous les côtés à la fois. — Puis subitement, un déclic, deux déclics, tout s'éteint, et seules, les lampes à mercure continuent à buriner brutalement nos visages décomposés.

— Un éclat de rire fuse. — C'est Madame Gance, la petite prêtresse de ce temple, qui aperçoit Jean Toulout en monstre effroyable ; et Abel Gance, paupières mi-closes, semble ne rien voir.

— « Mademoiselle Palerme ! » —

Gina Palerme se lève lentement ; de son pas glissé elle avance dans la lumière. Gance donne des indications : « Il faut, Mademoiselle, vous mettre dans ce lit... ». Aidée de Madame Gance, la blonde vedette déroule la longue, longue écharpe mauve ; elle apparaît divinement belle, divinement blanche, dans une robe de nuit de tulle noir. — Tulle or, tulle noir, vision de somptueuses épaules....

Gance prend un téléphone à côté du lit et mime la scène que doit jouer sa belle interprète. Celle-ci écoute. Gance répète à nouveau les mêmes paroles et son profil romantique se dessine sur la légende de Tristan et d'Yseult. — On répète, on répète, inlassablement.

Gance jette un regard circulaire et terrible. Qu'y a-t-il ?— un papier qu'on froisse dans un coin du studio — Chut !

EMMY LYNN   PH. BOREL
dans *La Dixième Symphonie*

MAX LINDER cerné par les Fantômes dans *Au Secours !*

Les appareils d'éclairage électrique installés dans une cabane-refuge à 3.000 mètres d'altitude, où Gance tourna les scènes finales de *La Roue*.

Silence ! — nous sommes ici dans le royaume du Silence, ô Cinéma !

Mais l'atmosphère de mystère et de torpeur qui enveloppait tout à l'heure êtres et choses, a disparu. On travaille, on répète. — Gance lève le doigt : « Commencez, Mademoiselle Palerme ». —

Elle commence.

Elle a peur, elle tremble ; un monstre abominable s'avance vers elle, au dessus de sa tête. Elle saisit l'appareil du téléphone, elle appelle, elle hurle : « J'ai peur, j'ai peur ». — Elle a vraiment peur, son visage est convulsé. — Arrêt brusque. — Gance a disparu — où est donc Abel Gance ? Il est là bas ; il discute tranquillement un éclairage avec son électricien. Pendant un quart d'heure, on allume, on éteint. Jean Toulout a enlevé son masque, Gina Palerme n'a plus peur, elle boit une coupe de champagne.

— Tout est prêt, on allume, on va recommencer.

Les appareils se tiennent prêts à enregistrer la scène ; soudain Gina Palerme s'écrie : « le phonographe, le phonographe ; j'ai besoin de l'air du phonographe ! qu'on me donne la danse macabre ! » —

Gance répète en écho « le phonographe » ! — On attend ; puis ou entend le grincement de l'aiguille sur le disque et... c'est le grand air de la Tosca...... Gina Palerme esquisse un geste de mécontentement. Enfin tant pis ! et elle s'apprête à jouer sa scène de terreur accompagnée par les sanglots en trémolos de la malheureuse Tosca.

« Allez », dit Gance.

Tout le monde est attentif. Gance a le corps penché en avant... il joue, il joue avec Gina Palerme.

« — Vous avez peur, voyons, vous avez peur — la main un peu plus à droite, la tête un peu plus dans la lumière, là ; — vous avez peur, mais vous avez terriblement peur. Il va vous tuer, vous voyez, il s'avance — pas de nerfs, ne jouez pas avec vos nerfs ; saisissez le rideau contre vous dans un mouvement gracieux, là, ça va. — Oh ! c'est terrible, mais il va vous tuer, vous tuer, vous tuer !... » —

Et elle crie avec des accents de bête qu'on égorge, la peur, la vraie peur horrible la gagne. — C'est effrayant, nous sommes tous effrayés — et ce n'est pas la grande ombre affreuse de Jean Toulout qui est faite pour nous rassurer.

Ce qui sera silence sur l'Ecran, se passe ici avec grand fracas. Le phonographe égrène ses notes, les deux appareils ronflent, la voix de Gance s'élève de plus en plus. La tête de Gina Palerme se renverse brusquement, sa bouche s'agrandit en un long cri de terreur et je ne vois plus que sa bouche, sa bouche hurlante derrière les rideaux d'or, alors que la Tosca termine ses lamentations en un sanglot sonore. —

MARIANNE ALBY.

Vous le savez, ce ne sont pas les images qui font un film, mais l'âme des images. La vérité objectivement n'est rien, mais l'âme de la vérité. Il faut, dans la vie, mourir cent fois pour avoir l'air, en art, de mourir une seule fois. Et puis, mourir, pour un artiste, quel vrai mot ! C'est comme si on pensait que le soleil meurt tous les soirs. il se couche. La mort couche un artiste mais ne le tue jamais !

19 Oct 1922

Abel Gance

Un autographe d'ABEL GANCE

LE CINÉMA, C'EST LA MUSIQUE DE LA LUMIÈRE
par ABEL GANCE

Le Cinéma, c'est la musique de la lumière et je ne lui sais rien de comparable. Eschyle, Shakespeare, Dante ou Wagner s'en fussent servis, obéissant ainsi au précepte d'Horace : « Ce qu'on expose à la vue touche bien plus que ce qu'on apprend par un récit » ou à celui d'Oscar Wilde : « L'Art est la conversion d'une idée en une image ».

Le cinéma est né, mais les artistes de valeur hésitent et les écrans attendent, les écrans, ces grands miroirs blancs toujours prêts à renvoyer dans les foules attentives le Grand Visage Silencieux de l'art au sourire méditerranéen.

Mais déjà quelques Christophe Colomb de la lumière se dessinent... et le bon combat des noirs et des blancs va commencer sur tous les écrans du monde, les écluses du nouvel art sont ouvertes, les images innombrables se bousculent et s'offrent multiples à nos possibilités. Tout est, ou devient possible : Une goutte d'eau, une goutte d'étoiles. L'Evangile de demain, l'architecture sociale, l'Epopée scientifique, la vertigineuse vision de la quatrième dimension de l'existence avec l'accéléré et le ralenti. Les choses les plus inanimées accourent à nous comme des femmes désireuses de tourner et nous les regardons dans la lumière magique comme si nous ne les avions jamais vues.

Le cinéma devient un art d'alchimiste, duquel nous pouvons attendre la transmutation de tous les autres si nous savons toucher le cœur : Le cœur ce métronome du cinéma !

Cinéma : télépathie du silence, lumineux évangile de demain.

Cervantès dit à Sancho, à travers Don Quichotte, cette phrase admirable :

« Voilà la vie, mon ami ; hélas ! avec cette différence qu'elle ne vaut pas celle que nous voyons au théâtre ! ».

Quelle plus sublime défense de l'art en général, du nôtre en particulier. Comme le reflet du feu dans un cuivre est plus beau que le feu, l'image d'une montagne plus belle dans une glace, l'image de la vie est plus belle à l'écran que la vie elle-même. Les valeurs s'affirment et s'affinent à la fois par le cadre qui les isole en les sélectionnant de ce fait.

Le cinéma, cet art prestigieux où l'on dirige un orchestre de lumière, renferme une force occulte insoupçonnée, qui dépend bien plus de ce qu'il suggère que de ce qu'il montre. Je puis même dire, pour en donner une définition lapidaire, que c'est la traduction du monde invisible par le monde visible, et que cette possibilité lui confère la première place dans le langage international de demain.

Il y a là une sorte de miracle, et je remercie à genoux la science moderne de nous avoir dotés d'un art aussi sobre, bénéficiant d'une telle mobilité, d'un tel dynamisme, et d'une telle omnipotence.

Le cinéma considéré comme moyen de diffusion des plus belles idées des hommes voilà le but que je lui assigne. Il doit nous donner des espèces d'Evangiles visuels, des Epopées pour les yeux avec des héros anticipateurs traçant des chemins d'avenir.

Si de pauvres gens entrant dans les cinémas, harassés de tristesse, la figure battue par la vie, en sortent après nos films avec un peu de lumière dans les yeux, avec du réconfort et du courage pour les jours suivants, estimons-nous alors bien payé de nos efforts.

Il faut des chanteurs à l'avant du navire de la Vie, pour conserver l'espoir aux rameurs et leur assurer que l'orage va s'éloigner.

C'est notre tâche à nous, magiciens pour les yeux, de chanter avec la musique des images, de défricher les routes inconnues du Septième Art, et d'élever les cœurs plus haut, toujours plus haut.

Mon opinion générale du cinéma est qu'il renferme une telle puissance d'évocation, qu'il doit être utilisé pour apporter aux hommes lassés, fatigués, écœurés parfois de leur labeur quotidien, un réconfort et des satisfactions intimes de repos et de joie ; et il y a encore bien d'autres choses mystérieuses que je ne veux pas dire encore.

La lumière et la musique se rencontrent brusquement, après avoir cheminé des siècles sans s'être aperçu qu'elles marchaient côte à côte. Elles s'émerveillèrent l'une de l'autre.

« Tu me prêteras ta voix », dit la lumière.

« Tu me prêteras tes yeux », dit la musique.

Et le Septième Art naquit.

L'art est en vrac sur les pellicules vierges, comme il ne s'est jamais trouvé dans les carrières de Paros ou sur les toiles des peintres. Scrutez : Beethoven n'est plus seul ; il est là plus fort de Rembrandt, et plus fort encore de Shakespeare. Leur ardente trinité travaille en même temps pour que les aveugles et les sourds soient confondus. Je pourrais écrire dix pages sur la tragédie d'un sourire de femme à l'écran, selon la profondeur des plans, l'harmonie de l'éclairage, les significations de l'image qui précède et de celle qui suit, la déformation optique volontairement cherchée et tenue dans une dominante, la qualité de l'imprécision de la bouche ou des cheveux, la somme de valeur occulte « psychique » qui se transmue en quelque sorte, qui fixe la Beauté sans la figer et la stylise, tout en empruntant à la nature même sa matière la plus authentique, et mille autres choses encore qu'Aladin connaissait bien, mais je mentirais à ma ligne de conduite. Le cinéma doit faire sa preuve par lui-même.

Voilà pourquoi je m'efforce de perdre le sens de l'écriture et de la parole, pour être un des premiers à essayer timidement de me servir du Silence.

ABEL GANCE.

LA BATAILLE

Tsuru Aoki et Sessue Hayakawa dans *La Bataille*

Nous avons déjà parlé longuement de cette œuvre admirable dont vient de s'enrichir le cinéma français et publié d'elle quelques émouvantes images. La présentation de *La Bataille* avait attiré au Gaumont-Palace une foule telle qu'on se fût cru aux abords de l'Opéra un jour de matinée gratuite. Moins d'une semaine après le public ratifiait cet engouement professionnel au même Gaumont-Palace, à l'Aubert-Palace, au Lutétia-Wagram. Le succès dépassa les plus audacieuses espérances. C'est une triomphale carrière à travers la France et le monde entier qui s'inaugure. Le film français a remporté une belle victoire.

Plusieurs éléments de haute importance concouraient à cette apothéose. D'abord *La Bataille* elle-même, je veux dire le roman puissamment pensé et bâti de Claude Farrère. Les grandes œuvres littéraires se reconnaissent toujours à l'écran. Celle-ci s'imposait par le relief des figures, le dramatisme poignant des situations, l'ingéniosité lyrique et sensible du

sujet. C'est intentionnellement que j'indique le roman de Farrère comme l'élément prédominant et le facteur essentiel du succès. De même dans *L'Atlantide*, il y avait surtout *L'Atlantide*. Cela ne diminue en rien l'importance exceptionnelle de la présence de Sessue Hayakawa dans un film français. Le grand mime japonais trouva là un rôle à sa hauteur et *La Bataille* à l'écran n'eut pas été *La Bataille* sans lui. Mais qu'eût donné sa première tentative européenne s'il n'avait eu l'heur d'interpréter ce rôle qui semblait si bien avoir été conçu pour lui.

Un journaliste demandait tout récemment à Hayakawa quel était celle de ses nombreuses incarnations qu'il préférait. Sans hésiter il répondit : le marquis Yorisaka de *La Bataille*. Il est de toute évidence que le merveilleux interprète de *Forfaiture* donna là sa pleine mesure, allant jusqu'aux extrêmes limites de l'expression humaine et prolongeant en nous des infinis

Gina Palerme, Tsuru Aoki et Jean Dax.

de douleur, d'angoisse, de désespérance. Sa mort à son poste de commandement, sa longue agonie et ses déchirements d'âme suprêmes constituent des instants sublimes qui dépassent l'art théâtral et la plastique, fondent une sorte de musique matérielle de l'expression. Ses silences, ses interrogations muettes, sa placidité de visage recouvrant les plus violents combats intérieurs, n'appartiennent qu'à lui. Hayakawa est le tragédien type de l'écran comme Mounet-Sully pouvait l'être du théâtre classique. Et son interprétation de *La Bataille* le grandit encore dans notre admiration raisonnée.

Près de lui sa femme réalise un type inoubliablement humain. Cette petite poupée japonaise qui n'ignore rien de toutes les mignardises d'Extrême-Orient a le génie des larmes. Toute de grâce et de fantaisie adorable elle nous émeut par une profondeur de sentiment et une puissance d'extériorisation extraordinaires. Son succès personnel fut unanime.

La réalisation de Vandal, Delac et Violet laisse loin derrière elle tout ce qui a été fait dans le genre. Le combat naval qui a coûté tant d'effort

Tsuru Aoki et Sessue Hayakawa

et de minutie est un chef-d'œuvre de mise en scène. Longuement nous assistons à toutes les phases de l'assaut effroyable des canons monstrueux, des lance-torpilles. C'est grandiose et c'est beau. *La Bataille* est pour la maison Aubert, éditrice, le digne pendant de *L'Atlantide*.

Ne récriminons plus sur l'ostracisme qui attend notre production à l'étranger et particulièrement en Amérique. Ces regrets sont déjà d'hier. Avec des films comme *La Bataille* ils sont absolument superflus.

A bord du Cuirassé.

Saisissant décor naturel du *Dernier des Mohicans*   Cl . HARRY

LE DERNIER DES MOHICANS

Depuis le retour de Léonce Perret et de Capellani, Maurice Tourneur maintient le prestige du goût français dans les studios d'Amérique. Sa dernière réalisation que vient de nous révéler la maison Harry, *Le Dernier des Mohicans*, adapté du célèbre roman de Fenimore Cooper nous a paru aussi la plus somptueuse et la plus attrayante. Elle décèle un art supérieur, une science de la composition paysagiste et décorative où se reconnaît un tempérament de peintre. Elle décèle en même temps un sens très aigu de l'anecdote, du récit cinégraphique, si différent du développement littéraire ou scénique.

Le Dernier des Mohicans fit la joie de notre enfance, au même titre que les œuvres de Jules Verne ou de Mayne Reid. Il nous fait assister aux combats qui opposèrent en 1757 la France et l'Angleterre. Sur le territoire des Etats-Unis où l'armée de Montcalm était allée soutenir la cause de l'indépendance, cependant qu'elle défendait notre prestige au Canada. Cette rivalité se double de la rivalité des races indiennes antagoniques, les Mohicans et les Hurons.

Quel thème merveilleux pour un film à grande mise en scène! Maurice Tourneur qui se joue de toutes les difficultés a traité le sujet avec une ampleur, une ingéniosité, une vigueur incomparables. Il sut d'abord trouver des paysages qui nous évoquent mieux que ne sauraient le faire les plus belles descriptions littéraires les rives sauvages de l'Hudson à l'époque de l'occupation anglaise. Les tableaux de nature qu'il composa créent autour des combats, des poursuites, des âpres scènes d'amour et de meurtre, une atmosphère à la fois tragique et poétique. Ces tableaux ont toute l'apparence de la vérité et leur qualité décorative en fait des pages picturales d'une extraordinaire beauté.

Quant à l'interprétation elle est hors pair. Tous les types sont choisis avec un soin minutieux et vivent à nos yeux d'une vie intense.

La photo est une des plus riches, des plus lumineuses et des plus vigoureuses qu'on ait jamais admirées à l'écran. Pour tant de qualités exceptionnelles, *Le Dernier des Mohicans* est un grand et beau film qui ne nous gâte pas nos délicieuses impressions d'enfance. Imaginez un merveilleux film d'aventures qui serait en même temps un authentique film d'art.

ED. E.

L'intermède de l'Arbre de Noël dans *Régina*, avec MARION DAVIES.

NOËLS DE CINÉMA

L'évocation des pittoresques scènes de Noël — de Christmas, comme disent les anglo-saxons — a, depuis les débuts du cinéma, tenté à plus d'une reprise les cinéastes et leur a d'ailleurs inspiré des scènes, parfois même des films entiers, pleins de charme.

●

Dans certains cas, donc, la collaboration des fêtes de Noël constitue le fond même du scénario.

C'est le cas du *Noël du Vagabond*, un petit film fort émouvant tourné avant-guerre par G. Signoret, sous la direction de R. Leprince. C'est également celui de *Bouclette*, réalisé par Mercanton et Hervil il y a cinq ans, d'après un scénario de Marcel L'Herbier; *L'Ange de Minuit*, qu'interpréta la regrettée Gaby Deslys. Plus récemment, nous avons eu *Le Noël du Père Lathuile*, et *Soirée de Réveillon*, deux petites comédies charmantes de Pierre Colombier, qui nous donnera cette année : *Les Etrennes à travers les Ages*.

Parmi les œuvres littéraires adaptées à l'écran, certaines se déroulent dans l'atmosphère si sympathique et parfois émouvante des fêtes de Noël et de l'An.

Rappelez-vous *Un Conte de Noël*, de Dickens, si visuel avec le songe de Scrooge. Tourné en Amérique deux fois, en 1910 et 1914, il l'a été de nouveau en 1916 par Rupert Julian, avec Francélia Billington. Citons aussi ce conte

La scène des pantins animés de *Régina*.

de O'Henry tourné par Vitagraph, où l'on voit un hors-la-loi venir sous le déguisement du Père Noël exercer une vengeance longtemps méditée et repartir sans l'avoir exécutée, touché par le charme tout puissant du Noël familial. Et encore *La Charrette Fantôme*, l'œuvre puissante de Selma Lagerlof, que Sjostrom a récemment réalisée et dont toute l'action prend place dans la nuit de la Saint-Sylvestre.

Plusieurs films ont, d'autre part, utilisé Noël comme point de départ ou comme dénouement de leur action.

C'est ainsi que Pierre Caron, adaptant à l'écran *La Mare au Diable*, de George Sand, commence et termine son film avec le départ des villageois de Bel-Air pour la Messe de Minuit. L'action de *L'Ombre Déchirée*, de Mme et M. Léon Poirier, débute de la même manière.

PEARL WHITE suspend la couronne de gui avec sa grâce habituelle et son charmant sourire.

ELSIE FERGUSON reçoit un présent fleuri.

Nous avons par ailleurs vu des cinéastes glisser dans leur film des scènes de Noël, particulièrement celle de l'arbre de Noël et de la visite du Père Noël. C'est le cas de *Petite Princesse*, l'un des films les plus charmants de Mary Pickford. Plus récemment, nous avons vu Wesley Barry incarner d'émouvante façon le Père Noël, dans *Le Héros de la Rue*.

Dans un film de Marion Davies qui paraîtra sous peu en France, *Régina*, figurait également un charmant intermède « Arbre de Noël », avec ses pantins vivants, dont nous publions ci-dessus deux clichés, mais que l'adaptateur français a cru — on se demande pourquoi — devoir supprimer.

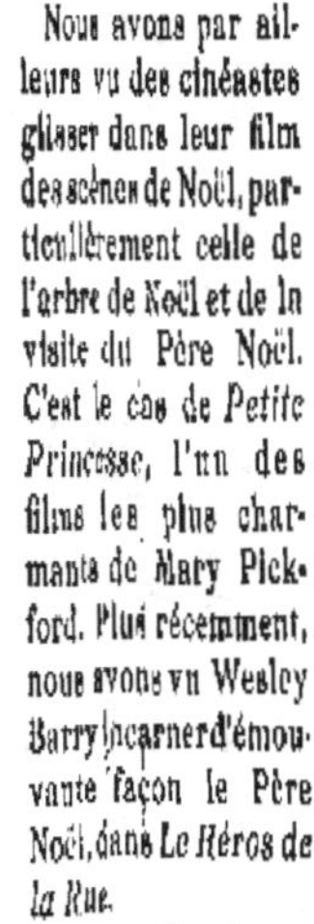

Noël est aussi l'époque des contes de fées. Dans un précédent article ; *Le Merveilleux au Cinéma*, nous avons traité ce sujet plus longuement qu'il ne convient de le faire ici.

Rappelons pourtant la *Cendrillon* tournée par Mary Pickford et Owen Moore, il y a huit ans, et la magnifique réalisation qu'en fit, plus récemment, Cecil de Mille dans *Le Fruit Défendu*, *Le Petit Poucet*, qui devait primitivement figurer dans *L'Atre*, de Boudrioz et qui sera édité séparément ; ce même *Petit Poucet*, la mignonne Baby Peggy vient de le tourner de nouveau. A Marguerite Clark, star maintenant oubliée, nous devons des réalisations très réussies de *Blanche-Neige*, des *Sept Cygnes* et du *Prince et le Mendiant*. Fox, lui, a

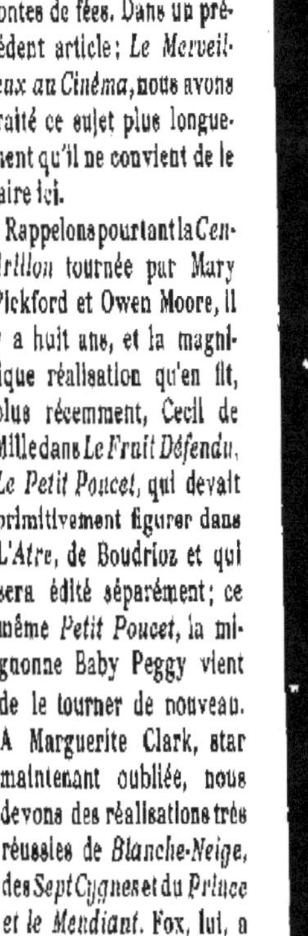

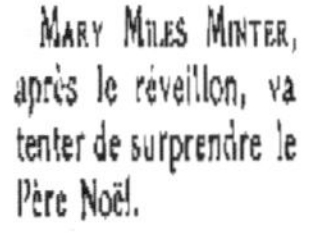

MARY MILES MINTER, après le réveillon, va tenter de surprendre le Père Noël.

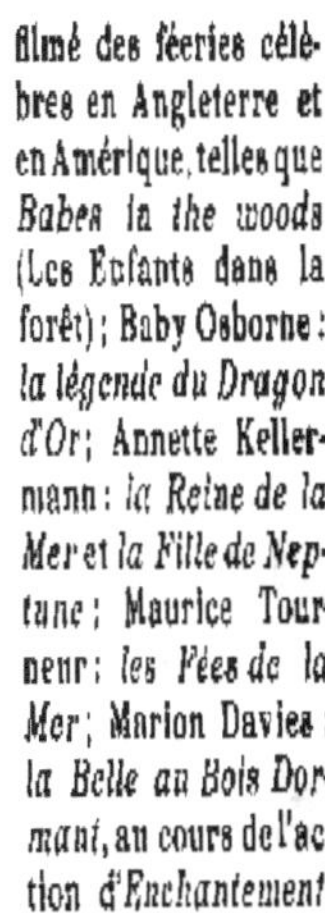

filmé des féeries célèbres en Angleterre et en Amérique, telles que *Babes in the woods* (Les Enfants dans la forêt) ; Baby Osborne : *la légende du Dragon d'Or* ; Annette Kellermann : *la Reine de la Mer et la Fille de Neptune* ; Maurice Tourneur : *les Fées de la Mer* ; Marion Davies : *la Belle au Bois Dormant*, au cours de l'action d'*Enchantement*.

Les « contes des Mille et une Nuits » n'ont pas moins tenté les cinéastes. Rappelez-vous le passage d'*Ali-Baba* dans *la Petite Princesse*, de Mary Pickford. Le même conte a été réalisé également tout au long par Fox, avec une troupe d'enfants, ainsi qu'*Aladin et la Lampe Merveil-*

MARY PICKFORD, dans *Le Petit Lord Fauntleroy*, a quitté ses hôtes pour s'étendre et jouer devant les bûches de Noël, combien plus grandes qu'elle même !

CONSTANCE BINNEY pense qu'il n'y a pas de vrai Noël sans arbre de Noël — et le prouve.

leuse. Il faudrait citer aussi *les Mille et une Nuits*, de Tourjansky, avec Nathalie Kovanko et Nicolas Rimsky; ainsi que le passage des *Trois Lumières*, de Fritz Lang, qui a trait au tapis magique. Enfin, il y aura bientôt *le Voleur de Bagdad*, qui promet d'être le dernier mot de la réalisation du merveilleux à l'écran.

●

Mais, il est une scène de Noël qu'on ne voit pas figurer à l'écran et qui cependant a quelque rapport avec le cinéma. Je veux parler de la cérémonie tout intime qui se déroule chaque année, le soir du 25 décembre, à l'Orphelinat de Los Angeles. Mary Pickford est, on le sait, la marraine des pauvres petits que le sort y a amenés. Et nombreux sont les autres « stars » qui se font un bien doux devoir d'y apporter ce soir-là, leur part de joujoux et, éventuellement, le concours de leur talent pour l'interprétation du plus beau rôle de leur carrière, celui du Père Noël.   H.

GLORIA SWANSON vient de faire ses emplettes pour Noël.

La délicieuse VIOLA DANA distribue le Noël des enfants dans le film qu'elle vient d'interpréter pour Metro : *In search of a thrill.*

LE FANTASTIQUE
A L'ÉCRAN

LES POUPÉES ANIMÉES
DE W. STARÉWITCH

L'un des principaux attraits bien propres au cinéma est l'aisance avec laquelle il réalise le fantastique et le merveilleux.

On se souvient des innombrables films « à trucs » que tournèrent, aux premiers temps du cinéma, les Méliès et les Zecca. *Le voyage dans la lune* est l'un des « classiques » du genre.

Ce genre, qu'on avait presque abandonné depuis, a trouvé un regain de faveur avec les dessins animés, les « Dick and Jeff » de Bud Fisher, en particulier.

Et voici encore une nouveauté, la sculpture animée, en quelque sorte ; ce sont les poupées de Ladislas Staréwitch.

Déjà ont paru en public les premiers films de ce genre tournés par le réalisateur polonais. Ce sont : *Le Mariage de Babylas, l'Epouvantail, Les Grenouilles demandent un Roi* et *Le Chant du Rossignol.*

●

Se doute-t-on, au cours des quinze à vingt minutes que dure la projection de ces films, du travail formidable qu'ils représentent.

Il faut avant tout au réalisateur une connais-

Les Grenouilles qui demandent un Roi.

sance approfondie des expressions du visage humain et de la décomposition des mouvements du corps, qu'il aura à faire reproduire par ses poupées ; et puis il lui faut une dose de patience peu commune, en plus de son talent de sculpteur et de peintre, pour créer de toutes pièces les personnages et le cadre de son film.

Quand le scénario est établi, on compose les décors et on confectionne les personnages qui y évolueront.

Les personnages sont des sortes de poupées articulées ; elles ne comportent pas de visage, mais un support en guise de tête, de la sorte on n'a pas à changer la tête pour chaque variété d'expression. Ce visage est constitué par une sorte de masque que l'on applique sur le support-tête dont nous venons de parler. Ces masques-expressions sont en très grand nombre pour chaque personnage, et, numérotés par le réalisateur, sont à sa disposition quand il en a encore besoin par la suite.

Chaque ensemble de mouvements que l'on fait faire aux poupées est tout d'abord étudié sur un personnage humain ; de cette manière on se rend compte du nombre de mouvements à faire faire à la poupée ainsi que de leur vitesse.

Les petits films de Ladislas Staréwitch sont tournés *image par image* (à l'écran vous voyez seize images *par seconde*). Les personnages façonnés par le réalisateur le sont de telle façon qu'ils peuvent garder pendant tout le

Les Grenouilles qui demandent un Roi.

temps voulu la position qui leur a été donnée. On ne s'étonnera pas, dans ces conditions, que la réalisation d'un de ces films demande à M. Staréwitch environ quatre mois.

•

Ladislas Staréwitch est né en Pologne en 1882. Opérateur, puis metteur en scène aux Films Khanjoukoff, il réalise dès 1913 un premier film de poupées animées : *La Cigale et la Fourmi.* Présenté au tsar et à son fils, ce film obtient auprès d'eux un réel succès, ce qui vaut une récompense à... Khanjoukoff !

Jusqu'en 1917, L. Staréwitch tournera pour Khanjoukoff quantité de films dramatiques ordinaires, soit tirés d'œuvres de grands écrivains, des légendes de Gogol, des poèmes de Pouchkine, soit de scénarios originaux composés par le réalisateur lui-même.

C'est sous la direction de L. Staréwitch que, modestes acteurs à l'époque, Mosjoukine et W. Tourjanski — aujourd'hui les deux principaux artistes du cinéma russe en France — firent leurs débuts au cinéma.

Son plus grand film, Staréwitch le réalisa en 1915, c'était *Jola,* un conte du Moyen-Age de Jolovski, avec Wladimir Gaïdarov, qu'on a revu depuis dans *La Terre qui flambe.*

En 1918, la Compagnie Khanjoukoff se reforme en Crimée, et c'est à Yalta que L. Staréwitch tourne son dernier film dramatique : *Stella Maris,* d'après Locke. C'est cette même œuvre que Mary Pickford tournait au même moment en Californie, interprétant le double rôle de Mary, la petite fille riche, et d'Unity, la pauvre petite orpheline.

Venu par la suite en Italie, puis en France où il s'est définitivement installé, L. Staréwitch a tout d'abord tourné deux films en qualité d'opérateur de prise de vues ; avec le réalisateur russe Protozanoff : *Pour une nuit d'amour,* d'après Zola, et *Vers la Lumière,* d'Ouralsky, avec Mme Yanova.

Fin 1921, L. Staréwitch, à qui son état de santé ne permettait plus que difficilement d'exercer le métier de réalisateur, si plein d'exigences et de fatigues, commençait une nouvelle série de films à truquages interprétés par des poupées articulées. Voici la liste des films qu'il a de la sorte réalisés à ce jour :

Dans les griffes de l'Araignée (900 mètres ; sans personnages humains; 9 mois de travail; édition future par Pathé-Consortium).

Le Mariage de Babylas (300 mètres ; un personnage humain ; trois mois de travail ; édition Gaumont).

L'Epouvantail (400 mètres ; un personnage humain ; quatre mois de travail ; édition Jupiter).

Le Chant du Rossignol (350 mètres ; un personnage humain ; quatre mois de travail ; édition Pathé-Consortium).

Les Grenouilles qui demandent un Roi (400 mètres ; aucun personnage humain ; sept mois de travail ; édition G. Petit).

La Petite Chanteuse des Rues (380 mètres ; un personnage humain et un singe ; deux mois de travail.

Enfin, en préparation : *La Reine des Papillons,* conte de fées ; métrage huit cents mètres; un seul personnage humain.

Le personnage humain que nous avons cité à cinq reprises — par opposition aux autres personnages, créés de toutes pièces par le réalisateur — et qui se nomme Nina Star, est une petite fille. Comme son nom d'écran l'indique en partie, Nina Star n'est autre que la fille du réalisateur Ladislas Staréwitch.

NINA STAR

<hr>

NOTRE GRAND CONCOURS de la *PLUS BELLE LETTRE D'INCONNU*

Depuis notre dernier numéro, paru le 1ᵉʳ Décembre, nos Lecteurs et Lectrices participent avec enthousiasme à notre nouvelle compétition. De toutes parts, leurs envois nous parviennent et déjà certains ont pu être remarqués. Nous rappelons ici les conditions très simples du Concours :

1° *Joindre, au bon paru dans notre dernier numéro, une lettre, écrite lisiblement, adressée à une Etoile masculine ou féminine de votre choix, exprimant votre admiration pour son talent et sa beauté.*

2° *Signer cette lettre d'un pseudonyme.*   **DIX MILLE FRANCS DE PRIX**

Les prix, donnés à l'occasion des Étrennes, comprendront de très beaux cadeaux : objets d'art, bijoux, appareils de cinéma, livres de cinématographie, collections de portraits, etc.

Tous les Concurrents seront recompensés

Les envois seront reçus jusqu'au 25 Décembre. (Au cas où notre dernier numéro manquerait à votre collection, nous vous l'enverrons contre 1 fr. 50 en timbres-poste).

l'activité cinégraphique

FRANCE ☛

Nous apprenons que M. Léon Gaumont vient d'être promu Officier de la Légion d'Honneur. Nous applaudissons de tout cœur à la haute distinction qui vient de couronner à si juste titre la belle carrière d'un des pionniers les plus énergiques de la cinégraphie française.

Jacques de Baroncelli, dont nous allons voir *La Légende de Sœur Béatrix* et *Nène*, tourne actuellement *Le Foyer qui s'éteint*, avec Sandra Milowanoff, Eric Barclay, Charles Vanel et Suzanne Bianchetti.

MM. Etiévant et Robert Péguy sont partis tourner, à l'Ile Maurice, les extérieurs de leur version cinégraphique de *Paul et Virginie*. L'adaptation et le découpage sont de Robert Boudrioz. Interprètes : Jeanne Helbling, Jean Bradin, Beuve, Paule Prielle et Pearl Waldon.

Encouragé par le succès (en Belgique) de *La Garçonne*, M. Duplessy tourne actuellement une adaptation des *Demi-Vierges*, de Marcel Prévost, les interprètes sont : Maryse Dorval, Gaston Jacquet, Gabriel de Gravone.

Jacques Robert le réalisateur de *la Bouquetière des Innocents* tourne *le Cousin Pons*, d'après Balzac. Interprètes : André Nox, Gaston Modot, Henri Baudin, Paulette Pax, André Feramus.

René Leprince tourne actuellement le ciné-feuilleton qui succédera à *Gossette* et à *Mandrin*; c'est l'*Enfant des Halles*. Interprètes : Gabriel Signoret, Lucien Dalsace, Francine Mussey, Camille Bert, Suzanne Bianchetti, Pierre Labry et Monique Chrysès.

Pour la Société des Films Historiques, Raymond Bernard va, paraît-il, tourner le *Miracle des Loups*; l'interprète du rôle de Louis XI sera Charles Dullin, et non plus M. Vermoyal parti tourner l'*Arabe*, en Egypte, sous la direction de Rex Ingram.

Ce sont les Etablissement Giraud, 7, rue de Berry, qui distribueront en France le film de M. Marcel Manchez : *Claudine et le Poussin*, avec Dolly Davis.

Charles Burguet, qui vient de terminer *la Mendiante de Saint-Sulpice*, va tourner *la Clôserie des Genêts*, avec Guby Morlay pour interprète principale.

M. Donatien vient de terminer la mise en scène de la *Chevauchée Blanche*, d'après un scénario qu'il composa en collaboration avec notre excellent confrère C. F. Tavano. Le film serait appelé, dit-on, à faire sensation par l'originalité de sa donnée. A noter que l'Amérique en a retenu les droits d'exploitation avant même sa présentation officielle en France. *La Chevauchée Blanche* sera éditée par Aubert.

Emilien Champetier, le compositeur applaudi salle Gaveau et dans maints concerts de ses œuvres, et qu'on vient de voir dans *Watteau*, présenté par les films Hérault, réalise en ce moment, avec la vedette Blanche Montel, une comédie dont il est l'auteur, le metteur en scène, l'interprète et... le compositeur de la musique.

Décès. — Le 17 novembre, Armand Boiville, le jeune interprète d'*Impéria*, s'est tué accidentellement en manipulant un revolver. Il tournait *Gossette*, sous la direction de Germaine Dulac.

La mère de Francine Mussey vient de mourir, Nos bien sincères condoléances à la jeune artiste.

Le mari et metteur en scène de Shirley Mason, Bernard Durning, vient de mourir après une courte maladie. Il était à peine âgé de trente ans.

●

AMÉRIQUE ✍

Les journaux annoncent que Wallace Worsley, qui vient de réaliser à Universal-City, une version de *Notre-Dame de Paris*, d'Hugo, avec Lon Chaney, vient de recevoir une proposition d'une grande firme française pour venir tourner en France une nouvelle adaptation des *Misérables*.

C'est pour First National que Edwin Carewe et René Plaissetty tournent actuellement en Algérie, à Biskra, *A Son of Sahara*, d'après le roman de Louise Gérard, avec Claire Windsor, Bert Lytell, Madys, Montagu Love et Paul Panzer.

Lon Chaney
dans *Le Bossu de Notre-Dame*

Norma Talmadge

N'IMPORTE QUOI...

Suite et fin (1)

►►►►◄◄◄◄

Ce qu'on appelle une « adaptation musicale ».
J'ai à côté de moi deux dames. Elles bavardent. Je comprends que l'une d'elles est la femme d'un musicien de l'orchestre. Son amie s'apitoie sur le sort de ce pauvre homme qui doit rester des heures entières sous l'écran sans jamais voir ce qui s'y passe. Mais l'autre la détrompe : son mari voit tous les films, comme ses camarades du reste. Il est rare, en effet, que tous les musiciens soient occupés ensemble : il y a des moments où l'harmonium joue seul, où le violon fait un solo, où la contrebasse peut se reposer, où le piano donne un moment de répit aux autres. Ainsi, par exemple, le vendredi c'est l'harmonium qui accompagne le commencement du film ; les autres musiciens peuvent regarder l'écran. Le lendemain, c'est au tour du reste de l'orchestre de jouer au début du film ; mais, alors l'organiste peut voir les scènes que ses camarades ont vu la veille. Et, ainsi, en établissant un savant roulement, chacun parvient, à la fin de la semaine, à connaître tout le programme.

Ce cas, dû à la négligence du directeur de la salle, est sans doute isolé. Sinon, cela aurait pu nous expliquer pourquoi nous entendons, par exemple, la valse de *Faust* pendant que la

____

(1) Voir le n° 2 de *Cinéa-Ciné pour tous.*

« Femme de nulle part » erre au jardin du souvenir (Victoria-Palace de Nice) ou la *Chanson du Printemps* de *la Walkyrie* cependant que, en des visions infernales, Modot, dans *La Terre du Diable*, descend au fond du cratère du Vésuve (Excelsior-Cinéma de la même ville).

•

Dans le noir des protestations s'élèvent : « C'est grotesque de fermer les portes comme ça... Et, s'il y avait un incendie ?...» La voix s'enfle : « Ouvreuse !... Qu'est-ce qui vous prend de verrouiller vos sorties ?... C'est ridicule... Je n'ai peut-être pas le droit de m'en aller au milieu du spectacle ? » Dans la salle, tout le monde s'est retourné. La voix devient menaçante :« Ça ne se passera pas comme ça . Le Directeur... Où est le Directeur ?... Vous verrez... la police... » Mais à quelques pas de là, un rideau s'écarte : le directeur vient voir ce qui arrive... Et la colère du monsieur tombe tout-à-coup... Il s'esquive en douce, soulevant le rideau qu'il avait à portée de sa main.

Il s'était obstiné, dans l'obscurité, à vouloir ouvrir un placard, alors que la sortie était tout à côté.

•

Un cinéphobe, d'instruction primaire, il est vrai, me disait un jour : « Oh ! moi je ne vais pas au cinéma... Pour voir des gens gesticuler et se tordre la bouche pour faire comprendre ce qu'ils disent ! »

Je ne sais plus qui a dit qu'un cinéphobe est un homme qui n'est jamais allé au Cinéma. En effet..

Quand donc verrons-nous sur l'écran un ar-

Nita Naldi

c e de journal qui ait l'allure, la typographie d un article de journal? Pourquoi les caractères en sont-ils toujours différents de ceux de bribes de phrases qui l'entourent? Pourquoi, chez Paramount, ces fragments de phrases sont-ils presque toujours les mêmes? On peut en effet, dans les bandes de cette firme, lire très souvent au bas de l'article qui nous est montré : « Le prétexte invoqué cacherait le but...»

Un conférencier « commente » le documentaire sur l'exploration vers le Mont-Everest.

Après nous avoir décrit avec de belles phrases les forêts que nous avons devant nous, il s'écrie : « Mais ce que la photographie, même animée, ne peut pas rendre, c'est la chaleur et l'humidité qui se dégagent de ces sous-bois ! »

Puis nous pouvons apprendre qu' « à ces altitudes, les animaux, les aigles eux-mêmes, deviennent aveugles ».

Un sous-titre dit que les indigènes ne se lavent jamais. « Oh ! tu vois ! il n'y a pas d'eau dans ce pays... Les pauvres gens » commente à côté de moi une bourgeoise à son bourgeois.

Elle fit du reste ma joie toute la soirée. Voici quelques-unes des niaiseries que débita cette bavarde. Quelque formidables qu'elles parais-

MARY PICKFORD

La brave dame fit cette réflexion : « Quelle idée d'amener là-haut un cinéma pour prendre des vues. » Et quelle idée, Madame, de venir les regarder ?

La brave dame voyant un coolie marcher en s'appuyant sur deux bâtons, conclut : « Les skis. »

Puis, en se levant, elle résuma ainsi son impression : « Là-dedans, tu sais, il y a des choses vraies et puis il y en a qui sont de la mise en scène. » Mais oui, Madame, elles ont été prises Promenade des Anglais... Elle l'aurait peut-être cru, la pauvre femme ; on fait de tels miracles avec ce cinéma ..

PIERRE PORTE.

BUSTER KEATON

sent, elles sont absolument véridiques ; ce serait une faire l'honneur de trop d'esprit que de les croire imaginées par moi.

La brave dame s'étonna de voir la caravane partie à l'assaut du plus haut sommet du monde descendre une pente de quelques centaines de mètres. Cela contrariait visiblement toutes ses notions d'alpinisme.

La brave dame s'écria, alors que les explorateurs et leurs mulets foulaient encore de larges chemins : « C'est quand même pas si difficile que d'aller au Pôle Nord. »

La brave dame apprécia hautement les « pointes » que, d'après elle, faisaient les danseurs sacrés.

Les alpinistes étant à 5.800 mètres, la brave dame certifia à son mari que le Pôle Nord était plus haut que ça.

RICHARD BARTHELMESS

L'atelier de costumes d'un grand studio de Los Angeles

L'HISTOIRE D'UN FILM

Comment Gloria Swanson et Rudolph Valentino ont tourné *Le Droit d'Aimer* (*Beyond the Rocks*)
aux Studios Paramount de Californie.

CHAPITRE V
Les Costumes

Des centaines de costumes d'époque et de coupe diverses furent créés ou loués pour les interprètes et figurants employés à la réalisation du *Droit d'Aimer*.

La tâche qui consiste à déterminer exactement quels costumes doivent être portés dans certaines scènes, à se procurer ou à rechercher ces costumes soit dans les stocks du studio, soit chez des fournisseurs du dehors, ou encore en les faisant établir de toutes pièces, et enfin de les ajuster aux nombreux acteurs, cette tâche est celle qui échoit au « département » du studio qui s'occupe de la garde-robe.

Dans ce « département », tous les costumes sont numérotés, répertoriés et groupés par « genre ». Le directeur de ce magasin, chez Paramount, est Roy Diem, qui est assisté de plusieurs costumiers; leur tâche ne s'étend qu'aux costumes anciens ou exotiques. Rien que pour *Le droit d'Aimer*, trois cents costumes anciens furent fournis par cette section.

Si l'on considère le fait que plusieurs points divers du monde forment le cadre des scènes de ce film et que de nombreux figurants sont utilisés dans ces scènes, outre les interprètes prin-cipaux, on peut se rendre compte de la nécessité d'une telle quantité de costumes.

Cela, du reste, n'englobe pas le grand nombre de figurants qui, dans d'autres scènes, portent l'ordinaire habit de soirée, qui d'ailleurs ne varie pas d'un pays à l'autre. Ces derniers figurants fournissent eux-mêmes leur costume, ce qui simplifie d'autant la besogne du magasin des costumes.

Quelques-uns des costumes les plus curieux portés dans *Le Droit d'Aimer* sont les costumes Louis XV utilisés dans les scènes d'évocation du Parc de Versailles; les costumes du début du dix-neuvième siècle portés par R. Valentino et ses partenaires dans les scènes du théâtre d'aventures du château de Beechleigh; les vêtements d'ascensionnistes portés par les artistes dans les scènes de l'auberge des Alpes et durant l'ascension.

Quand ces costumes ne se trouvaient pas dans le magasin aux costumes et ne pouvaient être loués, ils étaient faits de toutes pièces aux ateliers du studio, sous la direction de M. Diem. C'est là l'une des phases les plus difficiles de ce « département ». Dans la reproduction de ces costumes d'époque, les artistes costumiers ont pour guide une photo ou un dessin du costume

:ésiré. Document qui leur est pro-
:uré par le département des recher-
:hes. A l'aide de cette photo, ils
:tablissent la longueur, la largeur
:t la perspective, et arrivent à la
:dimension exacte pour le costume
voulu.

Les costumes prêts et portés par
les artistes, une dernière inspection
a lieu. Dans le cas du *Droit d'Aimer*,
l'auteur, Elinor Glyn, qui se trou-
vait au studio pendant la réalisation,
eut à maintes reprises l'occasion de
faire éviter une erreur au metteur
en scène.

Voilà l'ordre de travail, en ce qui
concerne les costumes. D'abord l'assistant du metteur en scène établit
un relevé de tous les genres de costumes qui seront utilisés dans le film,
et leur nombre, avec une descrip-
tion de chacun des costumes dont
aura besoin chaque artiste impor-
tant, ainsi que la date à laquelle on
en aura besoin. Sous le nom de chaque interprète sont désignés les costumes qu'il aura à porter dans le
film; chaque jour, pendant la réalisation du film, l'assistant dresse un
tableau des prochaines prises de vues,
comprenant la liste des scènes qui
seront enregistrées le jour suivant,
avec les costumes (identifiés par les
numéros-clefs) qui sont requis dans
ces scènes, de telle sorte que le département des costumes puisse les four-
nir en temps voulu.

●

Voyons plus spécialement les costumes portés dans *Le Droit d'Aimer*
par les artistes femmes.

Rien que pour Gloria Swanson,
quarante-sept costumes différents furent nécessaires. Rien que ce nombre, pour un seul film, prouve la
nécessité d'un département complet
pour l'établissement des costumes.
Mais ce n'est pas tout; outre les toilettes, ces quarante-sept « changements » pour Miss Swanson, les accessoires de mode sont nécessaires
également, tels que chaussures, bas,
ombrelles, mouchoirs, tours de cou,
gants, valises, chapeaux, etc.

Le nombre de toilettes que nous
venons de citer, concerne Miss Swanson seule. En plus, Mabel Van Buren,
qui interprète dans ce film le rôle
de Mme Mac Bride, porte vingt costumes différents; Edythe Chapman, dans le
rôle de Lady Bracondale, en a douze — et
leurs accessoires; Gertrude Astor (Mme Win-
marleigh), dix; et ainsi de suite. De même tous
les artistes qui personnifient les hôtes du châ-
telain et suivent les protagonistes dans la suite

GLORIA SWANSON
dans l'un des films
qui ont suivi
Le Droit d'Aimer.

des scènes, ont au moins trois changements de
costumes à effectuer. Au total, une estimation
très modérée du nombre complet des costumes
à composer de toutes pièces, avec leurs accessoires, par le magasin des costumes, porte le
chiffre à cent-cinquante.   (*A suivre.*)

LES PRÉSENTATIONS DE LA QUINZAINE

Une scène de *Froufrou*   CL. AUBERT

Les éditeurs et loueurs reviennent à leurs errements passés. Une crise grave de surproduction paralysa l'année 1922-23 l'industrie cinématographique. Il semblait que la leçon avait porté ses fruits et qu'on s'efforcerait de limiter la production aux besoins réels de l'exploitation. Après une période estivale relativement calme on reprend la course à l'abîme sans se préoccuper des conséquences dont la principale est l'embouteillement du marché où il doit y avoir actuellement dix offres pour une demande. De ce fait la dépréciation des films et l'avilissement des prix sont tels que l'on voit les acheteurs —en l'occurrence, les exploitants — imposer leurs prix aux vendeurs (éditeurs et loueurs) contrairement à tous les principes d'économie politique.

Dans cette dernière quinzaine qui va du samedi 24 novembre au samedi 8 décembre, 70.000 mètres environ de film ont été présentés. C'est beaucoup plus que les pauvres 2.000 établissements de France ne peuvent en consommer. Je ne veux faire nulle peine à aucun éditeur. Mais est-il admissible qu'on continue encore à nous envahir de ces odieux comiques américains où de grotesques bonshommes à longues moustaches se lancent de la crème à la figure et se poursuivent pendant près d'une heure à travers un appartement truqué et sacrifié ? Ces niaiseries ne font même plus rire le public, assez naïf dit-on, pour lequel elles ont été conçues. Pourquoi veut-on qu'elles nous amusent. On en pourrait dire autant de maintes comédies sentimentales qui reculent le cinéma de dix ans.

Mais à quoi bon récriminer. Et dans l'impossibilité absolue de rendre compte des 70.000 mètres de film, tâchons de démêler dans ce chaos la part du sérieux, du solide, du viable.

Le film français s'honore de quelques bonnes réalisations. Je mettrai en dehors *La Bataille* qui inaugure le grand film international et dont nous parlons d'autre part. Mais voici *La Femme Inconnue* de Jacques de Baroncelli, une comédie d'un esprit philosophique et d'un humour délicieux, où nous voyons deux jeunes hommes s'éprendre d'un fantôme d'amour. Quatre personnages y évoluent dans des cadres de nature choisis avec un goût délicat. Ils sont interprétés par Mmes Maggy Théry et Duvivier ; MM. Eric Barclay et Sovet. Et c'est un enchantement. *La Femme Inconnue* est éditée par l'A.G.C.

Jean Epstein, chez Pathé, nous propose une adaptation très ingénieuse et très artiste de *La Belle Nivernaise*, la nouvelle charmante d'Alphonse Daudet. De jolis paysages de rivière bien traités en « fondus renchaînés » créent une atmosphère favorable. Très réussie également la substitution par fondu renchaîné d'une vierge de Vinci au premier plan de Blanche Montel. L'aimable artiste soutient sans trop de défaillance le parallèle audacieux.

Le rôle masculin de *La Belle Nivernaise* est tenu avec infiniment de naturel par le jeune Maurice Touzé. Le film plaira aux âmes tendres. Il fut très bien accueilli.

Le milieu de forains tant de fois dépeint à l'écran revit dans *Mes P'tits ou le Calvaire d'un Saltimbanque*, de la Lauréa Films, édité par Méric. C'est un bon drame populaire où Ausonia nous fait admirer sa plastique avantageuse et Gina Relly sa grâce coutumière. Quelques scènes dramatiques et pittoresques sont bien menées, mais, de grâce, épargnez-nous le spectacle ridicule des figurants habillés en gendarmes. L'uniforme de gendarme est très difficile à porter au cinéma. Et il y faut de vrais gendarmes !

Le Loup Garou tiré par Pierre Bressol du roman célèbre d'Alfred Machard inaugure les Films C. P. Début prometteur à en juger par succès que les invités de l'Artistic firent au *Loup Garou* où les intentions abondent. Une interprétation de premier ordre groupe Léon Bernard, Jeanne Delvair, Madeleine Guitty, Pierre Bressol et la petite Danièle Vignaud. Histoire attendrissante où la pègre de Paris est à l'honneur. Film public ou du moins populaire.

Chez Gaumont une amusante comédie

Pierre Colombier, *Soirée Mondaine* nous a ravi par sa fantaisie légère et imprévue. Et Paulette Ray y est, à son ordinaire, délicieuse.

Chez Aubert *Froufrou* adapté de la pièce de Meilhac et Halévy a plu infiniment. Gina Palerme, Gaston Dubosc et Raucourt en assurent le succès. C'est, pour l'esprit, de la bonne tradition française.

Quelques œuvres remarquables ont encore marqué la production étrangère présentée cette quinzaine à Paris. *Le Vaisseau Tragique* de la Svenska, édité par Gaumont, nous ramène Victor Sjöström et son art incomparable. Ce film d'aventures maritimes vaut surtout par Sjöström et son émouvante partenaire Jenny Hasselqvist, l'inoubliable interprète de *L'Epreuve du Feu* et d'*A travers les rapides*. Mais que de grandeur dans la représentation de deux âmes tragiques !

De la Svenska également un très joli conte moyenâgeux présenté par la Compagnie fermière des Films Internationaux, *Il était une fois...* Cet excellent film fut malheureusement déshonoré par toute une littérature mirlitonesque à prétention poétique. Signée de M. Forest « le journaliste le plus universellement connu et apprécié. »

Nous reverrons prochainement ce joli film titré avec la simplicité qui lui convient et nous en jugerons mieux.

Du côté étranger je signalerai encore deux grandes productions *Le Dernier des Mohicans*, chez Harry, dont nous rendons compte d'autre part, et *Monna Vanna*, d'après le drame de Maeterlinck, chez Gaumont.

Robert Trévise.

ENTRE NOUS

Pardy. — Je vous aurais bien répondu directement, comme vous me le demandiez, seulement vous n'avez pas indiqué votre adresse... — *Le Cheik* est tiré d'un roman de M. Hull. Une traduction en a été faite par la librairie Plon, 6, rue Garancière, Paris, (Prix : 2 francs).

A. Magnin. — Nous avons rétabli cette rubrique, comme vous pouvez le voir d'autre part. — Cette question de l'appréciation des nouveaux films est l'une des plus difficiles à résoudre. Sans doute lui donnerons-nous bientôt une solution, qui, espérons-le, vous donnera satisfaction.

Violetta Romani. — *Cinéa* a publié des photos de *Pour don Carlos* dans son numéro. — Sans doute obtiendrez-vous une réponse d'Ida Rubinstein : écrivez-lui au Théâtre Sarah-Bernhardt, 15, avenue Victoria, Paris IV.

Emma Lyon. — Conrad Weidt, Richard Oswald Films, 14, Friedrichstrasse, Berlin-S. W. 48. — « Film-Kunst », 4, Hedemannstrasse, Berlin, S. W.-11.

H. Galinier. — Lettres transmises. — Maurice Tourneur, United Studios, 5-341, Melrose Avenue, Los Angeles (Cal.) U. S. A. — Louis Delluc, 10, rue de l'Elysée, Paris, 8e.

Dolly C. — Le titre américain de *La Colère des Dieux* est : *The Vermilion Pencil* ; c'est le dernier film, tourné en 1922, par Hayakawa pour Robertson-Cole ; ce film a été tiré d'un roman de Homer Lee et réalisé par Norman Dawn. — Mary Pickford a tourné *Heart of the Hills* (La fille des Monts), après *Papa-longues-jambes* et *Dans les Bas-Fonds*, ver la fin de 1919. — *Le Mentor* (Branding Broadway) a été tourné un peu auparavant par W. Hart — Sessue Hayakawa est actuellement en Angleterre, où il tourne un film pour la Cie Stoll. Il reviendra sous peu en France pour y tourner les extérieurs de ce film. — Tsuru Aoki, elle, est retournée à leur « home » de Los Angeles.

Au. Art. — Votre remarque est très juste ; mais il n'est pas très commode de conseiller les uns et les autres, dont les intérêts sont contraires. C'est en tout cas noté et nous tiendrons compte de votre observation dans toute la mesure du possible.

Aurore. — Georges Vaultier, 78, rue de Strasbourg, Vincennes, Seine. — Cet artiste tourne actuellement *Les Ombres qui passent*, aux studios Albatros, de Montreuil-sous-Bois, sous la direction de M. Volkoff, le réalisateur de *La Maison du Mystère*.

B. Meyer. — Rubrique rétablie; comme vous avez pu vous en rendre compte. — R. S. V. P. est le titre de *La Lutte pour L'Habit*, avec Charles Ray. — Aucun film de Dorothy Dalton n'a paru ici sous ce titre. Sans doute y a-t-il été changé dans votre région. Avec d'autres indications, telles que scénario, partenaires, etc... pourrai-je vous renseigner.

De Luxe A. — On a parlé de l'installation de cette firme en France, mais il y a déjà un certain temps de cela et jusqu'à présent rien n'est encore fait. — Je pense que cette polémique est stupide ; On n'en parle déjà plus, du reste. — Gaumont vient de présenter *The Woman Gives*, avec Norma Talmadge, sous le titre : *A la Dérive* ; Ce film a été tourné dans les premiers mois de 1920. Rien que trois ans pour passer l'Atlantique... — Kenneth Harlan a fait la guerre dans l'aviation américaine et a séjourné près d'un an en France.

Lone-Star. — Mais oui, toujours le même.... — Je commençais à me demander ce que devenait mon bouillant et loquace correspondant marseillais. Ce que vous me dites du Public de Casablanca est vraiment désolant... — L'Agence Générale Cinématographique va éditer un nouveau film de Margaret Schlegel ; *Les Ailes de la Mort* ; c'est, comme *Les Quatre Diables*, une histoire de cirque. — Au plaisir de vous lire.

Jack S. M. — Les deux entrefilets de *Comœdia* sont erronés, en effet : P. Henry n'a pas cessé de diriger *Ciné pour Tous* ; d'autre part *Le Chariot Couvert* (The Covered Wagon) n'est pas du tout, comme l'annonce ce journal, un épisode de la guerre de Sécession (1860-65) mais l'histoire des premiers chercheurs d'or en route pour la Californie (1849) comme le titre : *Le Chariot Couvert* l'indique. Le rédacteur de cette rubrique de *Comœdia* est J. L. Croze.

Bout-de-Zan. — Charles Ray est né à Jacksonville en 1891. — Adresse Ch. Ray Studios, 1.428, Fleming Street, Los Angeles (California) U. S. A. — Valentino est revenu aux Etats-Unis ; nouvelle adresse sous peu. — Richard Talmadge ne s'appelle nullement Talmadge, en réalité, et n'est pas le moins du monde apparenté aux sœurs Talmadge. — Pauline Garon, avec Owen Moore, dans *Porté Manquant* (Reported Missing). — Ecrivez-leur autant que possible en Anglais.

Good Year. — Griffith Productions, Scenario Department, Orienta Point, Mamaroneck (N. Y.) U. S. A. — Thomas H. Ince Studios, Scenario Department, Culver-City (California) U. S. A. — Ce sont des spécialistes du scénario, et non les metteurs en scène qui examineront votre scénario.— Tout ce que les compagnies américaines demandent c'est un résumé de toute l'action en cinq mille mots environ (en anglais, dactylographié et en n'écrivant que sur le verso des feuilles). — Raquel Meller, 14, rue Armengaud, Saint-Cloud (Seine). Cette artiste se prépare à tourner un troisième film sous la direction d'Henry Roussell.

Gérard B. Nîmes. — Cette Carte vous place au rang des professionnels et vous met à même de profiter de tous les avantages que les firmes et les exploitants veulent bien consentir à la presse.

Lucien Lévy — Adressez-nous votre lettre à cette lectrice, à qui nous la transmettrons. Nous ne sommes pas autorisés à communiquer son adresse.

Un Cinéphile. — Aucune date d'édition n'a encore été fixée pour la présentation de *Salomé*, avec Nazimova. — *La Nuit Mystérieuse* est sortie dans les salles parisiennes depuis deux mois. — *La Fleur d'Amour* ne sera pas éditée en France. — Depuis *Robin des Bois*, Douglas Fairbanks a tourné *Le Voleur de Bagdad*, qu'il termine actuellement. *Rosita Chanteuse des Rues* est un film de Mary Pickford et *Dorothy Vernon* en est un autre de la même ; c'est ce dernier que l'artiste tourne actuellement. Le premier est paru aux Etats-Unis depuis Octobre. — C'est bien ce titre.

Jacques Diver. — Oui. — Abel Gance, 8, rue de Richelieu, Paris.

Louis Assada. — Niles Welch, 1.752, Whitley Avenue, Los Angeles (Cal.) U. S. A.

J. Drevet. — Ainsi vous avez envoyé en mars dernier une demande de photos à Aimé-Simon-Girard, en joignant trois francs pour les frais et vous n'avez pas reçu de réponse. — Pas même le retour de vos timbres... Cela m'étonne. D'autres lecteurs nous diront peut-être s'ils ont été plus heureux. — En tout cas, écrivez de nouveau et réclamez vos timbres.

Dick and Jeff. — *Le Mystère de la Vallée Blanche* a été réellement tourné au Canada ; par le metteur en scène d'*Humoresque* et de *Un Père* : Frank Borzage.

Stella Van Aoch. — Le mieux est de lui écrire au Théâtre de l'Odéon, 18, rue de Vaugirard, Paris VI.

■

Entre vous !

Mistmer. Y. à Tunis ; désire correspondre avec charmantes Lectrices Françaises ou Belges. Adressez lettres au Journal, qui transmettra.

Ciné pour tous a publié :

Nous pouvons vous adresser ces numéros au prix de :

0,50 (du n° 1 au n° 75 inclus sauf le n° 55 qui est un numéro spécial à *un franc*).

0,75 (du n° 76 au n° 100 inclus).

0,25 (du n° 101 au n° 107 inclus).

1 franc (du n° 108 au n° 118 inclus).

Adressez votre demande à *Cinéa-Ciné pour tous*, 39, Boulevard Raspail, Paris.

R. C. Seine 161,425

*Avez-vous
tous ces Numéros
spéciaux
de CINÉA :*

DOUGLAS FAIRBANKS
RUDOLPH VALENTINO
IVAN MOSJOUKINE
NAZIMOVA
MARY PICKFORD

*Ils seront bientôt
épuisés.*

Commandez-les de suite en nous retournant le bulletin inclus dans ce numéro.

MANDRIN

Grand Cinéroman en 8 Episodes

par

ARTHUR BERNÈDE

Publié par

LE PETIT PARISIEN

Mis à l'écran

par

HENRI FESCOURT

Assistant : RENÉ BARBERIS — Opérateurs : MM. WILLY et MÉROBIAN

Direction Artistique :
LOUIS NALPAS

DATE DE SORTIE : 15 FÉVRIER

EDITÉ PAR LA

SOCIÉTÉ DES CINÉROMANS

8, Boulevard Poissonnière
PARIS

L'éclatant Succès de :

DOUGLAS FAIRBANKS

dans

ROBIN DES BOIS

impose une seconde passation dans les Etablissements suivants
à partir du 14 Décembre

DEMOURS-PALACE, 7, Rue Demours.

PALAIS DES GLACES, 37 bis, Faubourg du Temple.

CINÉMA ROCHECHOUART, 66, Rue Rochechouart.

PALAIS MONTPARNASSE, 3, Rue d'Odessa.

MAGIQUE-CINÉ CONVENTION, 204, Rue de la Convention.

SÈVRES-PALACE, 80 bis, Rue de Sèvres,

DANTON-PALACE, 99, Boulevard Saint-Germain.

MONGE-PALACE, 36, Rue Monge.

MAGIC-CINÉ-PALACE, 28, Avenue de la Motte-Picquet.

G.M-FILM

G.M.FILM
1.650.000 frs
GM
USINE LA PLUS RÉCENTE
ET LA PLUS MODERNE
Pour aller à Boulogne prendre le tramway 23 de la gare d'Auteuil, descendre au Pont de Billancourt